SENDEROS *de* PAPEL

© Obra: Senderos de papel

Primera edición: Septiembre, 2025

© Autor: Natalia Hernández González

ISBN: 978-84-15408-67-3
Depósito Legal: M-18862-2025

Maquetación y diseño de cubierta: Jesús Navarro Bravo

© Editado por MUSIVISUAL

Gestión, promoción y distribución: Límbica Ediciones S.L.
C./ Puentelarra, 68, 2º A, 28031 Madrid. España.
Tlf: 0034 91 3117696 // Email: pedidos@limbicaediciones.es
www.visionnet-libros.com

Disponible en librerías físicas y online.

Natalia Hernández González

SENDEROS *de* PAPEL

PRÓLOGO

Cada palabra que vas a leer en estas páginas es un latido, un eco de emociones que atraviesan el tiempo, las heridas, los anhelos, y la belleza escondida en los días comunes. Este poemario nace de la necesidad de captar esos momentos que parecen insignificantes, pero que al observarlos con detenimiento, revelan la esencia misma de la vida.

A lo largo de estas líneas, te invito a caminar conmigo por senderos de reflexión, de emociones que han sido intensas, a veces efímeras, y en otras eternas. Los poemas aquí reunidos son espejos donde quizá encuentres reflejados tus propios pensamientos y experiencias, esos sentimientos que todos llevamos pero que a veces no sabemos expresar.

Más allá de un libro, este es un diálogo entre el alma y el papel, un espacio para comprender, sanar y maravillarse. Que cada verso te envuelva y te inspire a ver la vida con otros ojos, a sentir más hondo, a entender que cada instante, aun el más fugaz, lleva en sí una chispa de eternidad.

Mi pasión en estrofas

Escribir es lo que amo,
mi pasión y mi calma,
plasmar en papel mis sueños,
y compartirlos desde el alma.

Ojalá el escrito sea mi sustento,
ojalá y mis letras sean un portento,
de llevar a la gente a otra realidad,
aunque sea sólo por un momento.

Que mis palabras sean refugio,
donde el lector pueda escapar
de la rutina y el mundo,
y en mis versos pueda soñar.

Quizá un poco diferente,
quizá un poco más real,
donde puedan hallar consuelo
y un rincón de felicidad.

Deseo que al leer mis historias,
encuentren paz y consuelo
que se pierdan en los detalles,
y dejen atrás sus miedos.

También me gustaría mostrar
que cada texto es una lección,
una reflexión,un aprendizaje,
que cale hondo en el corazón.

Que mis escritos despierten ideas,
y provoquen un cambio en la mente,
te inviten a ver la vida,
desde una perspectiva diferente.

Y así con cada estrofa,
tejer sueños y realidades,
transformando mi pasión
en un puente de posibilidades.

La aventura de los comienzos

El vértigo de las primeras veces,
de los nuevos comienzos,
del diferente empezar,
donde el corazón late en anhelos.

El miedo a lo desconocido,
a la emoción de explorar,
el camino sin recorrer
y los sueños por alcanzar.

Cada paso, un desafío,
cada decisión, aprendizaje,
en el juego del destino,
donde se escribe nuestro pasaje.

Dudas que se entrelazan,
con la esperanza como guía,
una búsqueda que abraza,
un diferente modo de vida.

Ese vértigo que invita,
a descubrir y aprender,
a superar nuestras barreras,
a ser lo que quieras ser.

Es el eco de los primeros días,
donde las sombras se disipan,
y la luz de la posibilidad
te lleva a caminar sin prisas.

Es la esencia de reinventarse,
de saltar sin red,
de caer y levantarse,
y de cada error aprender.

Y en cada paso incierto,
en cada duda que se cruce,
el alma se fortalece,
y el horizonte se luce.

Y aunque tiemblen las rodillas
y el miedo susurre al oído,
es en ese paso tembloroso
donde nace lo desconocido.

Hay belleza en lo incierto,
en lo que aún no se ha vivido,
como un lienzo en blanco
esperando ser teñido.

No todo será sencillo,
ni todo tendrá sentido,
pero cada caída deja huella,
y cada intento es un latido.

Verás puertas que se cierran,
otras que se abren sin llamar,
y entenderás que todo llega
cuando tiene que llegar.

Habrá noches de silencio
donde la fe te sostendrá,
y amaneceres de certeza
que el alma te iluminará.

Porque cada nuevo inicio
es una promesa sin firmar,
una apuesta por tus sueños,
una razón para avanzar.

Y aunque el vértigo apriete fuerte,
y parezca que no puedes más,
recuerda: en los comienzos
la semilla empieza a germinar.

Así que salta, sueña y camina,
aunque no veas el final;
los grandes vuelos comienzan
con un paso sin mirar.

Porque los comienzos no son solo fin,
son la promesa de lo que vendrá,
y en ese vértigo, saltas
aprendes y, al final, crecerás.

Vivir Plenamente

Hey, ¡tú! Sí... a ti que estás ahí.
Lee este mensaje sincero:
déjame contarte que todo es pasajero,
que el tiempo pasa rápido y ligero.

Un año son doce meses fugaces,
la semana solo tiene siete días.
Tú decides cómo llenar esos espacios
y de qué manera deseas vivir tu vida.

Cada amanecer es un regalo divino,
un lienzo nuevo que espera tu trazo.
El atardecer nos envuelve en su calma,
recordándonos que todo tiene su paso.

Las noches son un refugio para el alma,
un viaje entre sueños y deseos callados.
Son una pausa para abrazar lo que fuimos
y despertar siendo algo renovado.

Agradece el hoy, sin temer al mañana;
abraza lo simple, lo grande y lo pequeño.
La vida es un río que nunca se detiene,
y en cada corriente se esconde un sueño.

No temas al gris en días sombríos,
ni al calor del sol que quema la piel.
Cada matiz tiene su propia belleza,
porque todo enseña, todo es fiel.

Llora cuando el alma lo necesite,
ríe sin miedo hasta que duela el pecho.
Ama con la intensidad de un incendio
y perdona para dejar tu corazón sin despecho.

Camina lento cuando el sendero lo pida,
corre veloz si la emoción te apremia.
Aprende que cada paso que das
es una pieza única en tu gran escena.

La vida no es perfecta, y ahí está su magia:
es un juego de luces y sombras danzando.
Aprende a bailar bajo la tormenta,
y no olvides cantar cuando el sol esté brillando.

Recuerda, querido viajero del tiempo,
que los instantes se viven, no se acumulan.
El presente es el único regalo que tienes,
desenvuélvelo siempre con gratitud profunda.

Así que, vive con coraje y con amor,
bebe de cada emoción hasta saciarte.
Que la vida es breve, pero inmensa,
y tú eres el artista que puede pintarla interesante.

No esperes el momento perfecto,
haz perfecto el momento que llega.
La vida no siempre avisa su paso,
y el alma libre es la que no se niega.

Si tropiezas, levántate sin reproche,
con la frente alta y el alma despierta.
Cada herida tiene algo que enseñar,
y cada caída una puerta abierta.

Escucha el susurro de tu intuición,
ella sabe más que mil razones.
A veces lo más sabio no es pensar,
sino sentir desde las emociones.

Haz de tu andar un acto sagrado,
de tu voz, un canto de verdad.
Vive tan hondo, tan intensamente,
que hasta el silencio recuerde tu bondad.

Perspectiva de la Vida

Cuentan que la vida tiene una similitud
con las asignaturas que estudiamos un día en el colegio.
Dicen que vivir es como las matemáticas:
es ir sumando años,
añadiendo experiencias,
multiplicando momentos,
restando tiempo a la vida,
hasta que llega un momento
que el corazón se divide en dos,
para abrir un paréntesis
y hacer una síntesis
entre lo que ya hemos vivido
y lo que nos queda por vivir.

Así tomamos conciencia
que la vida también es lenguaje, y continuamos...
Continuamos viviendo
bajo el pensamiento de vida
que nuestras generaciones
nos fueron transmitiendo,
y es ahí que caemos en cuenta
de que vivir también es filosofía...
Filosofía de actuar
acorde a lo que aprendimos,
a lo que nos enseñaron.

Y así, continuamos sumando momentos,
añadiendo experiencias,
forjando nuestro camino,
hasta que llega un instante de nuestra vida

en que todo se convierte en química...
Si, ¡química!
Construimos relaciones basadas en la afinidad que tenemos
hacia otras personas que tropezamos en el camino,
y es ahí donde empiezas a elegir
quien si,quien no,y quien nunca,
porque simplemente no surgió esa chispa.

La vida continúa su curso,
y como resultado de aquella unión,
de esa suma de corazones
llega al mundo otro ser
que viene a conocer lo infinito..
¡Si!, lo infinito del amor.

Y de esta forma
se repite la historia
una y mil veces,
porque así es la magia
del milagro de la vida
elevado a la máxima potencia.

También, dicen que vivir
es como estudiar historia,
porque cada día deja huella,
y en cada paso hay memoria.
Recordamos batallas pasadas,
instantes de gloria o dolor,
que enseñan con tinta invisible
lo que no enseña el profesor.

La vida, además, es geografía,
porque recorremos mapas interiores,
cambiamos de paisajes,

navegamos entre emociones y valores.
Aprendemos a ubicarnos
en el mundo que nos rodea,
a cruzar fronteras del alma
y buscar donde el alma desea.

Y qué decir de la biología,
si no es acaso un espejo fiel
de cómo cambia nuestro cuerpo
y evoluciona nuestro ser.
De células que se renuevan,
como los días que ya se van,
porque vivir es adaptarse
a lo que viene, sin mirar atrás.

También la vida es física pura,
movimiento, energía y reacción,
caer y levantarse mil veces
bajo la ley de la superación.
Somos fuerza, impulso y caída,
somos causa y también efecto,
y aprendemos que el equilibrio
no siempre es perfecto.

Hasta la educación artística
tiene su rincón en la existencia,
pues pintamos con emociones
y esculpimos con paciencia.
Cada gesto es una obra,
cada abrazo, una creación,
y en medio del caos diario
el arte es salvación.

Y por último, no olvidemos la música,
que acompaña cada estación,
porque la vida tiene ritmo
y cada alma es su canción.
Notas que nos hacen vibrar,
melodías que nos dan consuelo,
y aprendemos que hasta en el silencio
hay armonía si miramos al cielo.

¿De qué estamos hechos?

Nos construimos de las veces que nos dijeron que no,
de las veces que quisimos y no pudimos sin motivo ni razón.
Del viento que sin querer,nos cambió el rumbo,
o nos llevó en la dirección equivocada en un segundo.

De las palabras dichas desde el enojo,
que no tienen vuelta atrás, y sin querer, se escapan a su antojo.
De sueños rotos o de planes que se cambiaron,
porque quizá en el camino nos dejaron.

De aquel rico olor que nos devuelve a la infancia,
del silbido espontáneo,que nos envuelve en vagancia.
De nuestros cantos en la ducha, de esa risa repentina,
al recordar una imagen que en nuestra mente se avecina.

Del pasar por los pelos y del aprobado raspado,
que te hace llegar al futuro soñado.
Estamos hechos de ese último empujón
para llegar a la meta,a nuestro sueño anhelado.
Estamos hechos del abrazo que no dimos,
por orgullo, por miedo, o porque no supimos.
Del mensaje no enviado, que aún pesa en la piel,
y del "te quiero" callado que se quedó sin papel.

De las veces que fingimos estar bien sin estarlo,
de sonrisas prestadas solo por no mostrarlo.
De madrugadas largas, de lágrimas en silencio,
y de seguir adelante, aunque todo sea incierto.

Del café compartido con alguien que nos escuchó,
de un gesto pequeño que el alma nos sanó.
De la canción que suena y el pecho nos aprieta,
porque encierra recuerdos que el tiempo no suelta.

Y de cada intento de volver a empezar,
de cada caída y volvernos a levantar.
Porque estamos hechos, en esencia y verdad,
de momentos rotos... y pura humanidad.

El peso de la negación

Si supieras las veces que no,
por el miedo que me envolvió,
las veces que no hice, que no fui,
las oportunidades que así perdí.

Si supieras de mis noches sin dormir,
pensando en lo que podría ocurrir,
si tan solo tuviera el valor
de enfrentar el miedo y el temor.

Las veces que no,por miedo a fallar,
las veces que no, por miedo a amar,
las veces que no, por miedo a cambiar,
las veces que no, por miedo a volar.

El miedo, que tanto me robó,
susurrando mentiras en mi interior,
dejándome el cuerpo inutil, inmóvil,
y por un segundo paralizado.

Si supieras las veces que no,
que dejé pasar el momento,
las puertas que nunca abrí
por temor al simple intento.

Las veces que no, por miedo al rechazo,
las veces que no, por temor al fracaso,
las veces que no, por miedo a brillar,
las veces que no, por volverlo a intentar.

Las veces que no, por dudar de mi voz,
por creer que otros sabían mejor,
por callar mis ganas, por no molestar,
por pensar que no era tiempo de hablar.

Las veces que no, por miedo al qué dirán,
por dejar mi alma en un segundo lugar,
por pensar que era ego o vanidad
lo que en realidad era amor y verdad.

Las veces que no, por cargar con el peso
de una culpa que no era mía en exceso,
por querer encajar, ser aceptado,
aunque eso me dejara en el costado.

Por miedo a romper las expectativas,
a mostrar mis propias perspectivas,
las veces que no, por miedo a ser yo,
hoy las abrazo… y les digo adiós.

Porque llega un día en que el alma despierta,
y ve que las heridas también son puertas,
que el miedo fue maestro disfrazado,
pero ya no más será mi dictado.

Hoy digo que sí, aún con el temblor,
hoy salto aun sin ver el color,
porque vivir es lanzarse al abismo
y confiar… en uno mismo.

Y hoy, esas veces que no, ya no serán,
y hoy esas veces que no, no volverán.
Y hoy que sé que no, decido por fin, de una vez,
decir que sí y volver a empezar.

Los incomprensibles temores

Me pregunto,¿por qué
afloran los temores,
florecen todas las dudas,
en el silencio de la noche?

Los miedos,fantasmas invisibles,
que acechan cada rincón,
susurrando ,en bajito,
que no hay salida, ni solución.

En la penumbra de los pensamientos,
se esconde el eco de las inseguridades,
como sombras que bailan en el viento,
entrelazando sueños con realidades.

¿Y qué hacer con esos miedos
cómo enfrentar lo que no vemos?
La respuesta es resistir,
y encontrar las fuerzas para seguir.

Que en la oscuridad también existe la luz,
y que en cada miedo,hay oportunidad,
para aprender y para crecer,
y transformar la adversidad.

Y aquí me encuentro yo,
entre mis miedos y mis temores,
tendida sobre la cama y con la luz apagada,
rompiendo cadenas de errores,
dejando que pase la madrugada.

Porque a veces los miedos no gritan,
solo se sientan a tu lado,
como viejos conocidos
que llegan sin ser llamados.

Te envuelven con sus dudas,
te hacen dudar del camino,
pero en su abrazo incierto
también nace lo divino.

Porque el miedo no siempre es enemigo,
a veces es un maestro silencioso,
que te empuja al abismo
para que encuentres lo valioso.

Y aunque tiemble la voz y el alma,
aunque parezca no haber mañana,
la valentía no es ausencia de temor,
sino caminar con él… cada madrugada.

Ansiedad que nos visitas

En la quietud de la mente, inquieta,
un susurro se cuela, incierto y tembloroso,
la ansiedad, como sombra, se aferra,
y el alma se encierra, aterrada, en su nido doloroso.
En el pecho un nudo, latente,
un peso invisible y constante,
el aire se torna escaso y pesado,
y el miedo, persistente, avanza con paso vacilante.
Los pensamientos giran sin cesar,
como olas en un mar sin piedad,
sin rumbo, sin puerto, sin paz,
un torbellino que nunca se va, una eterna ansiedad.

Las manos tiemblan, sudor frío,
el corazón late en un desvarío,
la razón lucha, buscando la calma,
mientras la tormenta azota el alma.

Buscar un respiro, un rayo de luz,
en medio del caos que produce su cruz,
la esperanza se asoma, tenue y frágil,
pero la sombra persiste, voraz y hábil.

No hay descanso en este ser agitado,
un vaivén de querer y no poder, atormentado,
las lágrimas se esconden, invisibles y calladas,
en un mundo de dudas que nunca se va, que siempre está.

La mente lucha, el alma clama,
en la tormenta de pensamientos, de calma que no llega,
es un camino largo, incierto, doloroso,
pero, tal vez, en el caos, haya algo hermoso.

En el silencio, entre el ruido del temor,
la esperanza se alza, aunque rota de dolor,
como una vela que titila en la oscuridad,
esperando que la tormenta pase, buscando la verdad.

En el laberinto de la mente cautiva,
se enredan dudas, se enciende la llama,
cada suspiro es un eco perdido,
que busca calma, que busca su trama.

La ansiedad es un viento que nunca cesa,
un latido acelerado, un miedo sin nombre,
que arrastra sueños y los vuelve fragilidad,
dejando en el alma un frío sin asombre.

Pero en ese caos también nace la fuerza,
una chispa oculta, un impulso vital,
que invita a respirar, a soltar el temor,
y a encontrar en lo pequeño un bien esencial.
Cuando el cuerpo tiembla y la mente se agita,
una pausa se vuelve un acto de amor,
un gesto amable, un refugio interior,
donde la luz crece y disipa el temor.

Y aunque la ansiedad siga su danza incierta,
la esperanza persiste, firme y clara,
porque en cada lucha, en cada caída,
renace la fuerza que nunca se para.

¡Libérate!

Liberate, liberate y suelta
todas esas cadenas,
que están en tu mente
solamente.

Libérate de prejuicios,
de culpas,de mitos,
sin importar el qué dirán;
tan solo siente el viento,
y déjate llevar.

Desprendete de miedos,
de sombras del pasado,
mirando al horizonte
con ojos renovados.

Libera los rencores,
los pesares y dudas,
que tu alma se aligere,
y aparezca desnuda.

Liberate y suelta,
no temas al vacío;
en la libertad hallarás,
el verdadero abrigo.

Liberate, suelta y vuela,
rompe esas cadenas;
tan solo son un lastre,
que en tu mente se aferran.

Deshaz los nudos antiguos
que ahogan tu vibrar,
que nada ate tus alas
ni te impida avanzar.

Elige ser viento,
elige ser río,
que fluye sin miedo
rumbo a su destino.

No eres lo que pesa,
ni lo que dolió,
eres luz encendida
que aún no brilló.

¡Libérate, suelta, vive y sueña!

El mundo te espera,
la vida te llama
y tu alma, serena,
ya no tiene cadenas.

Los Prejuicios

A veces, se cierra la mente
y se empaña el corazón;
se tejen los silencios
y se nos nubla la razón.

No se escuchan las verdades,
tan solo un juicio cruel
que antecede a las palabras
sin pensar en el "aquel".

En el escenario de nuestra alma
se esconden los reproches;
como sombras de la noche,
se oscurecen los colores.

Las palabras distorsionadas
y las miradas cargadas,
se despliegan los estigmas
como danzas equivocadas.

Las barreras que se erigen
y separan la humanidad,
como muros invisibles
de desigualdad y vanidad.

Por ello, debemos creer
en la bondad de cada ser
y desafiar los prejuicios
para poder aprender.

Abrir ventanas al diálogo,
respirar comprensión,
mirar con ojos nuevos
y escuchar con el corazón.

Porque no hay mayor victoria
que aprender a empatizar,
y ver en otro rostro
la misma sed de amar.

Que no nos venza el miedo,
ni el orgullo ni el error,
que florezca la conciencia
y nos abrace el valor.

Que no cale en nuestras almas
la indiferencia o el desdén,
que aprendamos de las heridas
y sembremos el bien.

Que el juicio no sea un muro,
sino un puente hacia el saber,
que la mirada no hiera
y las palabras puedan tejer.

Que cada gesto humano
despierte compasión,
y al ver la fragilidad ajena
renazca en nosotros la unión.

Que el amor no sea utopía,
ni el respeto una excepción,
que habitar en la ternura
sea acto de revolución.

La belleza en la simplicidad

Encontrar la belleza
en lo cotidiano,
en la taza de café
que calienta tus manos,
en el olor a hierba mojada
en la primera lluvia que acaricia el verano.

En esa risa sincera
que rompe el silencio,
en el medio del parque
una noche de invierno,
cuando las estrellas brillan
y el frío se vuelve eterno.

En esa puesta de sol
que,al final de la tarde,
ilumina tu vida,
para hacerte saber
qué estás aquí y sigues con vida,
que el tiempo avanza,
y en cada instante hay perspectiva.

Y refugiarse en el arte:
la música, la danza,
pintura,poesía
como vías de esperanza,
un susurro que sana,
un consuelo para el alma.

Vivir un viaje constante
entre tanta simplicidad,
en la brisa que acaricia,
el silencio de la ciudad.
Encontrar en las cosas pequeñas
la esencia de la felicidad.

En el pan recién horneado
que perfuma la mañana,
en la luz que entra despacio
por la rendija de la ventana,
en el sonido del barrio,
que despierta sin decir nada.

En el abrazo inesperado
que llega sin pedir permiso,
en el mensaje sencillo
que acorta cualquier abismo,
en el gesto sin palabras
que se vuelve compromiso.

En el andar sin prisa
de quien ya entendió el sentido,
en el perro que mueve la cola
como quien celebra lo vivido,
en los pasos compartidos
aunque el camino sea distinto.

Porque vivir es eso:
mirar con otros ojos lo simple,
descubrir que en lo cotidiano
se esconde lo más sublime,
y saber que en lo más pequeño
la vida se escribe firme.

Sentir que vivir es un regalo,
que en cada paso hay un misterio,
y que, aunque todo es pasajero,
la belleza se oculta en lo más pequeño.

Empatía

En sus zapatos me puse,
y pude comprobar
que la vida no siempre
es como la solemos imaginar.

Que cada paso que damos
esculpe quiénes somos,
y que a veces cargamos pesos
que ni siquiera nombramos.

Las decisiones tomadas
estaban más que pensadas,
y las preguntas planteadas
tenían respuestas silenciadas.

Sentí el peso de sus días,
las dudas, la ansiedad;
caminé por sus senderos
y entendí su realidad.

Viví sus sueños y miedos,
sus luchas, su verdad,
descubrí que en sus enredos
habita la humanidad.

Que no todo es blanco o negro,
ni fácil de definir;
que las historias tienen matices
que no se pueden fingir.

Vi cómo el dolor transforma,
y cómo la risa sana,
cómo la fuerza nace
cuando el alma es desgarrada.

Comprendí sus razones,
sus batallas y su paz,
descubrí que en cada cicatriz
había un eco de dignidad.

Aprendí a no juzgar
con ligereza y frialdad,
a escuchar, a apoyar
con cariño y humildad.

Porque a veces lo que vemos
es solo un fragmento leve;
nadie muestra al mundo entero
todo lo que su corazón mueve.

En cada paso que avancé,
en su lugar, en su sendero,
sentí cómo la empatía
me hizo un poco más entero.

Y entendí que no se trata
de salvar o de arreglar,
sino de caminar al lado
de quien necesita paz.

Porque los zapatos que llevan
cuentan historias que no vemos;
en cada grieta hay una lucha,
en cada paso, un "aún podemos".

Así que, lector, te invito
a ponerte en otros pies,
a mirar con ojos nuevos
y abrazar lo que no ves.

No des por hecho el camino
que otros deben andar;
cada corazón tiene un peso
que le cuesta cargar.

La empatía no es más
que un puente hacia el amor,
un espacio donde el juicio
se convierte en comprensión.

Y al final del recorrido,
al mirar con el corazón,
descubrirás que al entender a otros,
nace de ti un mejor yo.

Gente bonita

Ser de esa gente bonita
que irradia luz,
y en su presencia
el mundo brilla
como un amanecer
que disipa la niebla,
como un abrazo que alivia
y disuelve la pena.

Ser de esa gente linda
con sonrisas sinceras,
con gestos de amor
que alegran el alma a cualquiera,
como quien siembra alegría
sin pedir nada a cambio,
con palabras amables
y un corazón siempre franco.

Ser de esa gente valiente
que, entre adversidades,
se llena de fuerza
y aprieta los dientes,
que encuentra en cada caída
un motivo para avanzar,
y en cada golpe de la vida
una razón para luchar.

Ser de esa gente divina
que,en un dia triste,
la encuentras de frente

y con su mirada te alienta;
que, aunque no diga nada,
con su sola presencia
logra que la esperanza
te vuelva a dar fuerza.

Ser de esa gente tan bella
que, aun sin saberlo,
capea la vida
con mucho tacto
y dejando huella.
como un faro en la tormenta,
como un refugio de paz,
como un destello constante
que nunca se llega a apagar.

Ser de esa gente bonita,
gente que inspira,
y hasta en la eternidad,
su luz sigue viva.
Ser alguien que transforma
con los más pequeños gestos
y, al paso de los años,
en todos deja ecos.

Ser de esas almas raras,
que sin tener capa ni alas,
salvan un día gris
con palabras que embalan.
Que abrazan sin prisa,
que escuchan sin juicio,
y con solo estar presentes
hacen liviano el vacío.

Ser de los que siembran calma
cuando el mundo se desborda,
que regalan serenidad
aunque su propia alma llora.
Que cargan esperanzas ajenas
como si fueran propias,
y aun con el alma cansada,
son bálsamo en cada derrota.

Ser de esa gente bonita,
que sin hacer ruido se presenta,
que no busca reconocimiento,
pero a todos repara.
Gente que es luz discreta,
que no brilla por destacar,
sino por ese don hermoso
de saber amar y sanar.

Esperanza Infinita

Dicen que es locura creer
en la bondad de la gente,
confiar en la humanidad
y en su nobleza latente.

Pensar que hay quienes aman
con pureza y con verdad,
que cuidan lo que tocan
aunque no sea suyo jamás.

Respetar lo que es ajeno
como si fuera sagrado,
abrir las manos al mundo
en lugar de cerrarlas al daño.

Un lugar donde la sonrisa
sea el idioma compartido,
y el respeto, la consigna
que una a todos los caminos.

Donde el tiempo se detenga
para escuchar al de al lado,
y la tierra se recorra
con pasos nobles y humanos.

Donde no haya espacio al odio,
ni al desprecio ni al castigo,
donde el perdón sea un puente
y el orgullo, un enemigo.

Un mundo donde el silencio
no esconda miedo ni heridas,
sino pausa, calma y suelo
para nuevas perspectivas.

Donde el arte sea consuelo,
la música, sanación,
y lo simple tenga siempre
el lugar del corazón.

Que no se rían los cuerdos
de los sueños imposibles;
a veces solo los locos
cambian lo que otros repiten.

Porque en la esperanza viva,
aunque parezca locura,
se gesta un mundo distinto
que, sin odio, se inaugura.

Hay quienes aún confían
en la ternura del encuentro,
en las miradas limpias
y en el silencio que es sincero.

Existen almas que siembran
bondad sin pedir cosecha,
que dan sin esperar nada
y a lo injusto dan la pelea.

Hay quien cree en un mañana
donde no duela ser distinto,
donde cada paso humano
sea honesto y sea limpio.

Donde las palabras abracen
y los gestos sanen heridas,
donde la empatía florezca
como flor que nunca se olvida.

Y aunque parezca un sueño
en un mundo que desconfía,
aún hay luz en quien camina
con verdad, con fe... y con poesía.

Caminos y decisiones

Si alguna vez tienes que elegir
entre la tempestad y la calma,
elige aprender de la tormenta
y hallar paz tras la rabia.

Si tienes que elegir entre el amor
y la pasión, elige el primero,
pues el amor perdura en el tiempo,
y el deseo es pasajero.

Si tienes que elegir entre la fuerza
y la maña, elige la astucia,
pues con ingenio logras más
que con mera fuerza bruta.

Si tienes que elegir entre nobleza
y malicia, elige lo noble,
pues en la bondad se encuentra
la verdadera riqueza.

Si tienes que elegir entre verdad
y mentira, abraza con fuerza lo cierto,
porque la verdad siempre emerge
y la mentira se pierde en el viento.

Si alguna vez debes elegir
entre poder y humildad,
elige la segunda, pues el poder sin ella
se convierte en tiranía voraz.

Si tienes que elegir entre venganza
y perdón, elige soltar la herida,
pues quien perdona libera el alma
y renace a una nueva vida.

Si debes elegir entre ruido
y silencio en el andar,
elige el que te dé respuestas
y te permita escuchar.

Si tienes que elegir entre mirar
con juicio o con compasión,
elige ver con los ojos del alma,
y abraza sin condición.

Si alguna vez dudas del camino
y no sabes por dónde ir,
elige siempre con el corazón
y jamás dejes de sentir.

Golpe de suerte

Encontré una moneda,
en la acera del frente,
la guardé en mi bolsillo,
y continúe sonriente.

Encontré una moneda,
en la acera del frente,
y con ella jugué
a tentar a la suerte.

Encontré una moneda,
en la acera del frente,
y con ella soñé,
una vida diferente.

Encontré una moneda,
en la acera del frente,
y en un acto de fe,
la use sabiamente.

Y aquella moneda,
que encontré en mi camino,
se convirtió en mi amuleto,
y cambió mi destino.

La llevé en el bolsillo,
como un pequeño tesoro,
y en cada paso incierto,
me dio valor y decoro.

La apreté entre mis manos,
en días de indecisión,
y parecía susurrarme
palabras de convicción.

Fue testigo de mis logros,
de mis caídas también,
pero jamás me faltó
cuando no sabía qué hacer.

Y ahora al verla brillar,
bajo el sol de la tarde,
sé que no fue solo suerte,
fue el coraje de hallarme.

Los designios del destino

El destino a veces engaña
con promesas disfrazadas,
pone rosas en la entrada
y espinas en la montaña.

Se esconde tras coincidencias,
jugando con el azar,
y en un suspiro cualquiera
te cambia la vida al pasar.

Une rutas que no esperan,
rompe planes con su risa,
y cuando menos lo esperas,
te devuelve la sonrisa.

Te arranca lo que más quieres,
para enseñarte a crecer,
y luego, entre sus misterios,
te deja volver a creer.

A veces pone distancia
entre almas que se buscaron,
y luego las reencuentra
cuando ya no lo pensaron.

No siempre es justo el camino
que su trazo determina,
pero todo lo que ocurre
lleva oculta su semilla.

Te empuja fuera del puerto
cuando crees que estás seguro,
porque quiere que descubras
que hay más fuerza en lo inseguro.

Hace girar las miradas
hacia lo que no se ve,
porque en la ciega esperanza
es donde crece la fe.

En sus manos lleva hilos
de historias que no se explican,
y cose en cada caída
las alas que resucitan.

A veces parece un juego,
otras veces es sentencia,
pero en cada paso incierto
se esconde su gran presencia.

Quien acepta sus designios
con temblor o valentía,
sabe que en su danza extraña
también se halla la poesía.

Y así, el destino avanza,
entre errores y aciertos,
susurrando que en lo incierto
se escribe el rumbo más cierto.

Verdades evidentes

Hay verdades que duelen sin herir,
como el sol que no deja de salir.
La vida avanza, con o sin permiso,
aunque cierres los ojos sigue sin aviso.

Todo nace, todo muere algún día,
y entre ambos extremos, va la alegría.
Queremos quedarnos donde hay calor,
pero el tiempo avanza, sin compasión ni temor.

El amor no siempre dura eterno,
ni el verano se queda en el invierno.
La gente se va, aunque la retengas,
y la ausencia no espera que tú la entiendas.

El éxito no siempre llega al valiente,
ni todo cobarde vive silente.
A veces quien más grita está roto,
y el más callado guarda un alboroto.

No todo lo justo encuentra justicia,
ni toda traición recibe noticia.
A veces el malo duerme tranquilo,
y el honesto tropieza por su camino.

Hay belleza en lo que se rompe,
en la flor que cae de su propio monte.
El dolor enseña más que el oro,
aunque cueste entender su tesoro.

Nada es tan negro ni tan blanco,
el alma no cabe en un solo banco.
Los grises son parte del paisaje,
aunque incomoden su amplio mensaje.

Quien mucho presume, poco sostiene,
y quien más escucha, más se entretiene.
Las máscaras caen, tarde o temprano,
aunque las sujetes con fuerza en la mano.

Perdonar no es olvidar el daño,
es soltar el peso de hace un año.
Y a veces la paz llega al dejar ir
lo que nunca se pudo construir.

No todo lo bueno viene envuelto,
ni todo lo malo es como fue suelto.
La vida enseña con contradicción,
pero en su caos hay dirección.

Y así vivimos, buscando razones,
ignorando señales, cerrando visiones.
Las verdades, simples, pasan volando,
mientras seguimos... siempre esperando.

Porque en el fondo todos sabemos,
lo que evitamos, lo que tememos.
La vida es clara, sin disfraz ni pintura:
lo difícil es ver... y aceptar su estructura.

Amor a destiempo

El amor a destiempo llega sin aviso,
como un suspiro que no encuentra su momento,
una melodía que suena fuera de compás,
un encuentro que no coincide con el tiempo.

Es un fuego que arde cuando ya no es verano,
una flor que brota cuando el invierno domina,
un querer que nace cuando el alma está cerrada,
y un latido que llega cuando ya no se adivina.

Es la historia de dos caminos paralelos,
que se cruzan tarde, con prisa y sin rumbo,
un querer que se escapa entre horas robadas,
una promesa que lucha pero no se junta.

El amor a destiempo es dulce y también cruel,
porque sabe a nostalgia y a sueños no vividos,
es un baile sin música, un abrazo perdido,
una espera que duele, un querer dividido.

Y aunque no sea el momento que todos desean,
el amor a destiempo tiene su propia verdad,
enseña que el sentir no siempre coincide,
pero su huella queda, profunda en la eternidad.

Es mirar desde lejos con el alma encendida,
es saber que se ama aunque no haya salida,
es callar un "te quiero" por no hacer herida,
y vivir con el eco de lo que no se olvida.

Es cruzarse los ojos y fingir que no pasa,
que no tiembla la piel, que no arde la casa,
pero dentro, el amor grita en su amenaza,
aunque el mundo lo niegue y la razón lo rechaza.

Y aunque el tiempo no vuelva ni el reloj se detenga,
el amor a destiempo persiste y se entrega,
como un verso que nace aunque no haya poema,
como un rayo de luz en la más densa niebla.

Porque hay amores que llegan y se quedan en silencio,
que marcan el alma sin cambiar el argumento,
y aunque no puedan ser, son eternos en el pensamiento,
porque el amor a destiempo… también es sentimiento.

Y aunque vuelvan las tormentas,
aunque el viento sople fuerte,
el amor que es verdadero
no se rinde ante la suerte.

Son dos almas que se encuentran
una y otra vez en el camino,
como ríos que se cruzan
siguiendo el mismo destino.

Porque amar es resistencia,
es caer y levantarse,
es mirarse entre la niebla
y volver a encontrarse.

Y si el tiempo vuelve esquivo,
y si la vida se dispersa,
habrá siempre un hilo vivo
que sus almas entrelazan.

La sutilidad del amor

Sssshhhh…
Despacito,
en silencio,
de puntillas,
sin hacer ruido,
como el leve roce de una pluma,
como un pétalo que se posa en el rocío.

Como cuando quieres
sorprender a alguien,
y procuras que no se sienta
ni el más mínimo suspiro,
guardando en el pecho
un mundo entero de latidos.

Sssshhhh…
Despacito,
en silencio,
como el viento que acaricia,
como un susurro suave
que apenas avisa,
sin alterar el aire,
sin romper el hechizo de la brisa.

Sssshhhh…
Despacito,
en silencio,
como con la calma del sueño,
donde todo es liviano,
donde el alma descansa
y el tiempo parece eterno.

Como el primer rayo del amanecer
que despierta con suavidad la tierra,
como la luna que ilumina
sin gritar su presencia,
así es este amor callado,
que no necesita estridencia.

Sssshhhh...
Despacito,
en silencio,
como un roce apenas perceptible,
como el eco suave de una melodía
que se queda danzando en la memoria,
así habita el sentimiento que no exige,
pero que todo lo transforma.

Con el alma quieta
y el corazón en calma,
se revela el arte sutil
de llegar a un alma.
Sin palabras altisonantes,
sin gritos al viento,
sólo el calor de un abrazo
que resuena en el silencio.

Sssshhhh...
Porque amar no siempre es alboroto,
ni necesidad de proclamarlo a voces.
A veces, el amor más puro
es aquel que, sin ruido,
habla en los susurros
de dos corazones unidos.

Sssshhhh...
Despacito,
en silencio,
en la magia de lo pequeño,
en la fortaleza del sigilo,
donde el amor encuentra su hogar
sin necesidad de más testigos.

Él

Él, de apariencia fuerte,
con hombros que parecen sostener el mundo,
mirada firme y coraje en alza,
que con manos robustas
la vida abraza.
Él, un corazón de acero,
que late con la fuerza de mil batallas,
pero que, en su profundidad,
guarda ternura que desarma.

Él, que con voz poderosa
resuena como un trueno en la tormenta,
y que, al mismo tiempo,
con sus palabras suaves,
ofrece consuelo
y arrasa con la tristeza.

Él, que camina con paso firme,
aunque sus pies a veces vacilen,
aunque el miedo se esconda
en las sombras de su esperanza,

Él, que con sus manos ásperas
construye sueños ajenos y propios,
que moldea el mundo con esfuerzo,
pero que no teme tenderlas
para secar una lágrima y llevar consuelo.

Él, un escudo para los suyos,
una montaña de resiliencia,

que, aunque a veces caiga,
se levanta una y otra vez,
porque su esencia es la perseverancia.
Él, con sus contradicciones y su humanidad,
un gigante de amor y valentía,
que, sin alardes, se convierte
en el pilar de quienes necesitan guía.

Él, al que enseñaron desde niño
que llorar era un acto prohibido,
que la dureza era sinónimo de fuerza
y la ternura, un signo vencido.

Pero dentro de su pecho valiente
habita un niño que aún sueña y siente,
que necesita abrazos sin razón
y refugio en medio de la desolación.

Él, que carga responsabilidades en silencio,
que a veces calla para no preocupar,
pero su pecho guarda tormentas
que no siempre se pueden ocultar.

No siempre el más alto levanta el mundo,
ni el más serio está libre del dolor,
a veces el hombre más sereno
es el que más batalla con su interior.

Él, que también necesita que lo escuchen,
que lo valoren sin juzgar su emoción,
porque ser hombre no significa
vivir ajeno al amor ni a la compasión.

Él, que ama con cada gesto discreto,
que protege con su forma de mirar,
y que, aunque parezca invulnerable,
en el fondo solo quiere descansar.

Los mitos no cuentan sus noches en vela,
ni los nudos que en la garganta duelen,
porque la hombría no está en el silencio,
sino en la verdad que los gestos revelen.

Él, con su alma hecha de hierro y miel,
merece también ser sostenido,
ser visto sin filtros ni escudos,
como un ser completo, digno y querido.

Ella

Ella, tan linda ella,
de frágil apariencia,
más en su alma eterna
reside la esencia.

Ella, en su mirada guarda,
como un eco profundo,
la fortaleza viva
que ilumina el mundo.

Ella, un universo ella,
de valiente ternura,
que desafía sombras
con su luz más pura.

Ella, en su paso firme,
camina entre tormentas,
y con su fuerza calma
las almas sedientas.

Ella, heroína oculta,
de silencios rotundos,
traza con cada gesto
senderos fecundos.

Ella, tan fiel a sí misma,
que sin creerlo,
despierta admiración
entre todos ellos.

Ella, raíz y viento,
es cuna y horizonte,
pilar de lo invisible,
el río y el monte.

Ella, la vida misma,
poema en movimiento,
nos enseña a admirar
el paso del tiempo.

Ella, tempestad serena,
marea que no se doblega,
lleva en la piel cicatrices
que relatan su entrega.

No necesita alzar la voz
para hacer temblar el suelo,
su presencia es testimonio
de un coraje verdadero.

Ella, faro en la penumbra,
sostiene al mundo en sus manos,
con dulzura y temple firme,
abre puertas sin cerrarnos.

Es madre, hija, hermana,
guerrera de luz y verbo,
y aun en medio del cansancio
sigue creando universo.

No se deja encasillar,
es libre como el rocío,
y donde otros ven derrota,
ella construye su nido.

Es fuerza que abraza firme,
es semilla y es cosecha,
nunca se rinde en la lucha,
ni se acobarda ante la brecha.

En sus ojos hay destellos
de historias no contadas,
de amores, guerras y sueños
que fueron silenciadas.

Ella es verdad que arde,
es llama que no se extingue,
y aunque a veces se quiebre
su espíritu siempre distingue.

No necesita permiso
para alzarse con orgullo,
porque su esencia es libertad
y su destino, ser refugio.

Ella, tan ella, indomable,
con sus pasos abre el camino,
recordando que ser mujer
es poder, es arte… es destino.

La lujuria y sus momentos

Con la copa de vino
a medio llenar,
brindaban por los sueños
que sabían no iban a alcanzar.

Sonrisas decoraban los labios,
actores hábiles del engaño,
jugaban a que la noche
no traería ningún daño.

Mentían con dulzura,
como versos al azar,
y las promesas nacían
solo para pronto marchar.

El vino, con su hechizo
cálido, oscuro y profundo,
les vestía de coraje
para olvidar por un segundo.

Se buscaron en la penumbra,
en un baile improvisado,
donde los cuerpos hablaban
todo lo que el alma había callado.

Una noche sin destino,
de pasión descontrolada,
un refugio entre las ruinas
de dos almas quebradas.

Las palabras no importaban,
solo el roce, el temblor,
como si en aquella entrega
se quemara el rencor.

Y el vino los hizo fuego,
los volvió luz y vapor,
hasta que el alba surgió
con su espejo sin color.

Dos desconocidos eran
bajo la claridad del día,
sin cadenas, sin promesas,
solo restos de poesía.

Se marcharon en silencio,
cómo llegan las mareas,
sin miradas de regreso,
sin preguntas ni ideas.

Ella buscó su abrigo,
él se perdió en la ciudad,
y entre ambos, solo el eco
de una falsa eternidad.

Tal vez pensaron en el otro
cuando el vino volvió a hablar,
pero el recuerdo fue humo
que no quiso regresar.

Y quedó la copa vacía
sobre la mesa olvidada,
como testigo silente
de una historia no contada.

En las noches sin estrellas,
cuando el alma quiere escapar,
se repiten estos encuentros
que el tiempo no quiere guardar.

Porque hay amores fugaces
que no buscan florecer,
solo arder en una noche
y al alba, desaparecer.

La magia de los besos

Hay besos que apenas nacen
en el borde de la piel,
como un soplo de la brisa
que no se deja ver.
Son besos que no se piden,
que llegan sin intención,
y despiertan mariposas
en el centro del corazón.

Están los besos traviesos,
juguetones, imprevisibles,
que se escapan de los labios
como pájaros sensibles.
Besos que ríen contigo,
que juegan y que provocan,
que incendian una mirada
y hacen del instante, roca.

Los hay llenos de ternura,
como el beso de una madre,
suave, tibio, que protege,
como abrigo que no arde.
Besos que son nido, amparo,
que sanan sin medicinas,
y guardan en su memoria
las promesas más divinas.

El primer beso que tiembla,
lleno de asombro y pudor,
torpe, breve, titubeante,
pero cargado de amor.

Como un rito de inocencia
que se lleva para siempre,
el primer temblor del alma
en un roce transparente.

Hay besos que son distancia
y aun así saben llegar,
viajan en cartas, en sueños,
y no dejan de abrazar.
Besos que viven en pausa,
besos en plena ausencia,
que atraviesan mares fríos
y acarician con paciencia.

Besos de pasión ardiente,
que se buscan con urgencia,
que devoran las palabras
y transforman la conciencia.
Son un fuego que consume,
que arrasa piel y sentido,
pero en lo más hondo, a veces,
dejan un rincón vacío.

Los besos de reconciliación,
humildes, rotos, sinceros,
que curan lo que dolía
y mueven los cielos enteros.
Son suspiros que se entregan
como un perdón hecho carne,
y que con un solo gesto
hacen que todo se calme.

También hay besos que engañan,
que no sienten lo que dan,

llevan disfraz de ternura
pero están vacíos de verdad.
Son espejos sin reflejo,
promesas sin dirección,
que dejan huellas de hielo
en medio del corazón.

Están los besos que esperan,
que se sueñan sin hacer
aquellos que no han nacido
pero ya saben doler.
Y los que nunca se dieron,
pero viven en la mente,
como un eco que no cesa,
como un deseo latente.

Y están los besos que callan,
que no dicen, pero sienten,
que en medio de la mirada
son más dulces y elocuentes.
Besos que rozan el alma
sin tocar un solo poro,
y que aún sin ser pronunciados
dejan el corazón roto.

Hay besos de despedida,
con lágrimas en la voz,
que se dan como un suspiro
que entrega el último adiós.
Son besos que tiemblan hondo
y se clavan como espinas,
pero que al cerrar los ojos
saben que el alma ilumina.

Y, por último, el más profundo,
el beso que no se ve,
que se da al partir del mundo,
cuando el cuerpo deja el ser.
Ese beso es pura entrega,
paz serena y sin dolor,
el susurro más eterno
del amor en su esplendor.

La droga más dulce

Decían que la droga era mala,
pero hubo quien la conoció,
curando heridas profundas,
sanando el alma con su ardor.

No era polvo ni sustancia prohibida,
ni licor que embriaga sin control;
era el amor sin medida,
la más dulce adicción del corazón.

Atrapó como torbellino ardiente,
un río de emociones sin razón,
mezclando risas con llantos,
en un baile sin dirección.

Un laberinto de sendas inciertas,
una danza de luz y oscuridad,
donde los cuerpos se buscan,
y las almas se quieren encontrar.

Cada beso, fuego que abriga,
cada abrazo, refugio y verdad.
Remolinos de deseo profundo,
susurran ternura y tempestad.

Las miradas, puentes secretos,
universos sin lógica ni ley.
Días de tormenta y calma,
donde el amor juega sin porqué.

El caos se vuelve belleza,
el dolor, un trazo certero.
Pintan los sueños con fiebre,
sobre un lienzo puro y sincero.

Las noches se abren al tacto,
cuerpos que arden como estrellas.
Y el amor, brisa o vendaval,
sacude el alma sin barreras.

Quema como fuego salvaje,
y luego acaricia como canción.
Se va y regresa sin aviso,
rompiendo toda previsión.

Es veneno que da vida,
bálsamo sin condición.
La más dulce de las drogas,
la más fuerte de la emoción.

Rompe y a la vez reconstruye,
te pierde y te hace volar.
Es misterio que no se encierra,
es un camino sin final.

Y aunque a veces deja cicatrices,
su paso nunca es en vano.
Porque el amor verdadero,
marca profundo, puro y humano.

Cuando el telón de la vida cae,
y el alma entra en reposo fiel,
queda esa huella invisible,
la del amor… la droga más cruel
y a la vez, la más bella también.

Silencios que matan

Verdades a medias,
y un velo en los ojos,
mentiras piadosas,
amargos sonrojos.

Y entre medias verdades,
y silencios quebrados,
cargamos la carga,
de lo nunca hablado.

Verdades a medias,
que a golpes callan,
las increíbles historias,
que el corazón narra.

Mentiras piadosas,
que en la mente se agolpan,
esquivan con palabras,
lo que los labios no nombran.

Por no hacer daño,
el silencio se impone,
y el interior frágil,
se nos descompone.

Me callo para no herir,
mientras me rompo por dentro,
y me guardo en el alma,
lo que no cuento.

Verdades a medias,
y un velo en los ojos,
mentiras piadosas,
amargos sonrojos.

Y entre medias verdades,
y silencios quebrados,
cargamos la carga,
de lo nunca hablado.

A veces las palabras
se quedan atrapadas,
en el fondo del pecho,
como heridas calladas.

El alma se quiebra,
en pedazos dispersos,
por no decir lo que arde,
y vivir lo que es incierto.

Guardamos el peso,
de lo que nunca fue dicho,
y mientras nos consumimos,
nuestra paz queda en conflicto.

Verdades que se escapan,
se cuelan entre susurros,
mentiras que abrazamos,
en el miedo de los murmullos.

El alma se desvanece,
pero el silencio pesa,
pues lo que no se habla,
es lo que más atormenta.

Y en la carga de lo no dicho,
el corazón se desangra,
pero el miedo a herir,
nos lleva por la senda amarga.

La Fortaleza del Alma

Valiente le dijeron,
a quien lloró bajo la ducha,
ahogando el grito del alma
en soledad muda y con lucha.

Valiente le llamaron,
cuando soltó aquella mano,
con el pecho hecho pedazos
y el dolor sellando temprano.

Valiente, muchos pensaban,
mientras el alma gritaba,
y el rostro fingía calma
aunque la esperanza temblaba.

Valiente parecía ser,
aunque el cuerpo se rendía,
los ojos esquivaban lágrimas,
que la tristeza escondía.

Valiente, cobarde a veces,
que en vez de mostrar dolor,
optó por pintar sonrisas
y disfrazar el temblor.

Valiente en la caída,
cuando todo parecía perder,
levantó cada pedazo
y siguió sin retroceder.

Valiente en la sombra oscura,
cuando el miedo quiso reinar,
la voluntad fue su luz,
y el alma volvió a brillar.

Valiente ante la tormenta,
cuando todo quiso callar,
las heridas fueron alas
para poder continuar.

Valiente como un guerrero,
que no se deja vencer,
cada cicatriz es testigo
de lo que puede renacer.

Valiente en los suspiros,
en los pasos por andar,
el corazón es bandera
de quien nunca deja de luchar.

Valiente hasta en el silencio,
en los días sin color,
en el eco de su esencia
resistía con dolor.

Valiente fue quien tuvo fé
cuando ya nadie creyó más,
quien sostuvo el alma rota
y convirtió la ruina en paz.

Valiente alzando el canto
que el mundo necesita oír,
porque hay fuerza en lo callado
y poder en resistir.

Valiente hasta el último día,
cuando la vida quiso ceder,
porque vivir, aún con miedo,
es la forma más pura de ser.

Impotencia

Si te digo con palabras lo que pienso,
tal vez no llegues a entenderlo.
Si te muestro con miradas lo que veo,
quizá no logres verlo.

Si expreso con gestos lo que siento,
puede que no llegues a comprenderlo.
Si te digo con abrazos lo que anhelo,
quizá no quieras recibirlo.

Si escribo con símbolos lo que deseo,
tal vez no logres descifrarlo.
Si dibujo en papel lo que imagino,
quizá no llegues a descubrirlo.

Y si grito al viento mis sentimientos,
puede que no llegues a oírlos.
Solo quiero que sepas que te quiero,
sin morir en el intento.

Pero mis palabras son fugaces,
y silenciosos son mis gestos.
Mis abrazos a veces se pierden
en un océano de anhelos.

Quisiera que pudieras ver más allá
de lo que mis labios callan,
que en cada mirada descubrieras
el murmullo de mi alma.

Aunque mis palabras sean frágiles
y mis gestos efímeros,
quiero que tengas la certeza
de que te quiero sin dudarlo.

Si mis actos no bastan para tocarte,
si mis silencios no logran hablarte,
si cada paso que doy hacia ti
parece no acercarte a mí.

Si mi presencia no abriga tu ausencia,
y mis intentos no rozan tu esencia,
¿cómo se le explica al corazón
que amar no siempre es conexión?

Es como hablarle a un muro de viento,
como sembrar flores en cemento,
como encender fuego en la lluvia
y esperar que el sol lo descubra.

Hay amores que nacen sin nombre,
que laten aunque nadie los nombre,
que insisten en vivir, aunque dolidos,
cómo faros encendidos, pero perdidos.

Y aún así, sin respuesta ni destino,
se sigue amando, sin rencor ni castigo.
Porque amar, aunque duela por dentro,
es un lenguaje que lleva su propio aliento.

Aunque no entiendas mis formas ni mi fondo,
aunque no veas mi amor en este mundo,
en cada suspiro que no te alcanza,
vive un "te quiero" que nunca se cansa.

Declaraciones de un noble corazón

Por si te vas, quiero contarte,
que me encanta cuando te giras,
y sin yo esperarlo, para nada,
me guiñas un ojo,
mientras mis pupilas se clavan en tu mirada.

Por si te llegas a ir, quiero decirte,
que adoro cuando te ríes,
sin saber muy bien el motivo,
ni el por qué lo hiciste.

Por si te vas, quiero que sepas
que, incluso enfadado y sin entenderlo,
tus silencios me dicen más
que tus palabras podrían hacerlo.

Por si te quieres marchar,
debo contarte
que esos abrazos que me das, inesperados,
para mí son refugio sagrado.

Por si tienes pensado irte,
quiero hacerte saber
que, como dice Sabina,
contigo las noches
son como lunas de miel.

Por si me dices adiós,
déjame que te diga
que con cada amanecer a tu lado,
se me reinicia la vida.

Por si te vas, quiero recordarte,
que en cada gesto tuyo hay un mundo,
un universo que me atrapa
y me hace sentir más profundo.

Por si te marchas sin aviso,
que sepas que en mis silencios
guardo tus palabras dulces,
como un tesoro en mis sueños.

Por si decides partir un día,
que este corazón que late por ti
llevará siempre tu nombre,
aunque ya no estés aquí.

Por si te vas, que no olvides,
que en cada rincón del tiempo,
quedará la huella de tu risa,
como un faro en mi recuerdo.

Por si un adiós llega a cruzarnos,
quiero decir que siempre habrá
un espacio abierto y cálido,
esperando tu vuelta una vez más.

Hogar

No siempre es techo ni cuatro paredes,
ni lámpara tenue que enciende al llegar,
a veces es pecho que late y comprende,
mirada que acoge, silencio en paz.

Es piel que resguarda del frío del mundo,
palabra que abriga sin tener que hablar,
es ese suspiro que nace profundo
cuando entre sus brazos se puede descansar.

Hogar es un alma que sabe esperar,
aunque te derrumbes o vuelvas sin más,
es quien, con un gesto amable te encuentra
y cura el cansancio sin preguntar.

Y allí, en su abrazo, todo es sereno
se caen los miedos, se apaga el rumor...
porque hay personas que son nuestra casa
aunque no habiten bajo el mismo sol.

Hogar es manos que cuidan sin hacer promesas,
presencia que calma sin explicación,
es quien te sostiene cuando ya no puedes,
y recuerda que aún hay solución.

Es voz que susurra que todo está bien
aunque el mundo ruja sin compasión,
es faro encendido en noches oscuras,
es puerto seguro del corazón.

Es quien te recibe con todos tus trozos,
sin exigencias ni condición,
y hace de tus grietas un mapa hermoso,
un nuevo lugar de reconstrucción .

Hogar es el rincón donde nada se pierde,
donde no hay miedo ni soledad,
es donde el alma respira tranquila,
y el corazón vuelve a confiar.

La Felicidad

Se me fue de las manos,
se me escapó entre los dedos.
Corrí tras de ella,
intenté retenerla,
pero no hubo manera.

Creí que la tenía, pero no,
se había esfumado como el viento,
como un susurro en la distancia,
como un rayo de sol en el firmamento.

¡Qué dulce sabor me había dejado!
Un eco de risas,
un instante brillante,
una caricia breve,
que ahora parecía inalcanzable.
-¡No te vayas! - le grité.

-¡No te marches, por favor!
Que ni tiempo me diste
de sentir tu calor.

No sé cómo hueles,
tampoco a qué sabes,
ni siquiera sé cómo llamarte.

-¡No te marches todavía!
-¡No me dejes por favor!
Que no ha habido tiempo siquiera
de abrazarte,
-¡No te marches,aún no!

Eras un instante perfecto,
un momento suspendido,
un regalo del universo
que sólo por un segundo
pareció ser todo perfecto .

-¡No te vayas, aún no!

Quisiera aprender a atraparte,
a no dejarte ir tan pronto,
pero sé que eres libre,
y volverás de un momento a otro

-¡No me dejes,aún no!

Déjame contarte.
déjame explicarte
que en esta breve visita
parecimos inmortales.

La Prisa

Entre calles llenas de pasos ligeros,
de multitudes que pasan en puntillas,
que no atienden al paisaje ajeno,
que no entienden el mirar sereno.

La prisa fugaz devora los instantes,
buscando ser feliz en el mañana,
sin comprender que es imposible
si no se aprecia lo que nos alcanza.

Respondiendo solo con frases hechas
a las preguntas que la vida nos lanza,
sin reparar en que el ahora
es un regalo lleno de esperanza.

Vivimos en un futuro incierto
que nunca ha sido asegurado,
creyéndonos dueños del tiempo,
cuando solo nos ha sido prestado.

Ignorantes del destiempo,
que siempre nos lleva ventaja,
podríamos vivir en el hoy,
pero inocentes, creemos en el mañana.

El tiempo pasa como río impetuoso,
arrastrando sueños y temores.
En su cauce dejamos escapar
lo que podría sanar nuestros dolores.

¿Por qué tememos tanto al instante presente?
Vivimos buscando siempre algo más,
cuando lo único que realmente tenemos
es este momento, que se nos va.

Nos perdemos en lo que aún no ha llegado,
en las promesas de un futuro incierto,
olvidando que el ahora es lo que somos,
y que en verdad cuenta lo que es cierto.

Y así seguimos, atrapados en el apuro,
corriendo tras sombras que no alcanzan,
cuando la verdadera riqueza del tiempo
es saber detenerse y dar gracias.

Que el mañana llegará por sí solo,
y lo que importa hoy es ser:
aprovechar lo que nos regala el viento
y, en su susurro, aprender a ver.

Entre relojes que dictan sentencia
y calendarios que marcan el paso,
olvidamos que no hay urgencia
más grande que vivir despacio.

Las mañanas se escapan sin rostro,
los abrazos se posponen sin fecha,
y los te quiero se vuelven suspiros
que mueren antes de ser respuesta.

La prisa pinta todo de gris,
borra los matices del alma,
y nos deja con manos vacías
cuando más ansiamos la calma.

Pero aún hay tiempo para frenar,
para mirar con los ojos del alma,
para sentir que en cada latido
habita la eternidad más clara.

Horizontes de esperanza

¿Alguna vez pensamos
en la mezcla de sentimientos,
en la magia que guardan dentro
estaciones de trenes, aeropuertos?

En la incertidumbre del cuándo,
del cómo y del dónde,
de los cambios del tiempo
que las personas esconden.

Del nerviosismo en la espera,
de las ganas de abrazar,
la esperanza que prospera
al ver a alguien regresar.

Unos rostros conocidos,
que el tiempo ha transformado,
momentos, instantes vividos,
y reencuentros esperados.

Maletas que llevan historias,
promesas y muchos secretos,
sueños llenos de euforia
y recuerdos incompletos.

Despedidas dolorosas,
con lágrimas que brotan,
miradas amorosas,
que los corazones se roban.

El adiós que se pronuncia
con un nudo en la garganta,
la promesa que anuncia,
un regreso en el mañana.

Estaciones y terminales,
que encierran mil y un caminos,
donde el tiempo lleva ventaja,
y los sueños son un destino.

La magia del reencuentro,
de la espera y la emoción,
que nos invade por dentro
y nos llega al corazón.

Así, en cada rincón,
entre abrazos y despedidas,
se tejen melodías
de vidas compartidas.

Esencia inquebrantable

Se vistió,
escogió su traje,
alistó su camisa,
planchó su pantalón,
anudó su corbata,
lustró sus zapatos,
y se puso la vestimenta
de las ocasiones especiales.

Caminó hacia la urbe,
bulliciosa y sonora,
tropezando con gente
que el silencio devora.

Se sintió todo un señor
entre gigantes de acero,
pero el brillo de su interior
se opacó en un destello.

La ciudad, con su prisa,
le ofreció mil caminos,
pero en cada esquina
se perdió sin destino.

Anhelaba los campos
de verde esplendor,
donde los cantos y el sol
llenaban su corazón.

Rascacielos imponentes
le susurraban promesas,
pero las miradas ausentes
le dejaron tristeza.

Entre el humo y el ruido,
recordó su raíz,
y con el corazón hecho añicos,
anheló ser feliz.

Decidió regresar
sin más disfraz, ni atuendo,
a la tierra y al hogar
donde el tiempo va más lento.

Allí, en la sencillez,
encontró su verdad,
en el campo, en su niñez,
regresó la felicidad.

Volvió a caminar descalzo,
sobre la tierra que amó,
sintiendo en cada paso
el latir que nunca olvidó.

La ciudad puede brillar,
con luces que ciegan y engañan,
pero en el alma florece
la esencia que nunca se empaña.

Resiliencia

La llamaron resiliencia
por tener el gran poder,
de renacer en la adversidad,
y volver a florecer.

Levantarse una vez tras otra,
como el sol tras la tormenta,
ser como el roble fuerte,
que se dobla pero no quiebra.

Resiliencia es aprender,
de las cicatrices del alma,
es mirar hacia delante,
con esperanza y con calma.

Es la capacidad de sanar,
tras las caídas y golpes,
es caminar con valor,
aunque la senda sea torpe.

También es encontrar luz,
entre tanta oscuridad,
es creer en uno mismo
a pesar de la adversidad.

Resiliencia es transformar,
el dolor en sabiduría,
es convertir las lágrimas,
en fuerza y valentía.

Es conocer que en cada herida
hay una lección escondida,
es saber que el sufrimiento,
es parte de la vida.

Es la fuerza que surge
cuando todo parece perdido,
la certeza de que siempre
hay un nuevo camino recorrido.

Resiliencia es saber
que la vida no es solo lucha,
sino también aprender
a encontrar paz cuando la angustia escucha.

Es levantarse con el alma fuerte,
aunque el corazón haya caído,
es la voz interior que nos dice,
que siempre hay un nuevo latido.

Resiliencia es el puente
que une el miedo con el valor,
es un faro que ilumina
a pesar del dolor.

Es el abrazo silencioso
que el tiempo regala al alma,
un susurro que calma
y devuelve la calma.

Es entender que el camino
se forja con cada tropiezo,
y que en cada nuevo intento
se encuentra un progreso.

Resiliencia es un canto,
una fuerza tan sutil,
que transforma la tormenta
en un suave abril.

Ángeles sin alas

El paraguas para la lluvia,
y el abrigo para el frío,
la luz que guía en la penumbra,
el bálsamo para un alma vivo.

En sus brazos encuentras abrigo,
en sus ojos un mar infinito,
son la calma en la tempestad,
el refugio y el norte perdido.

Sus consejos son sabios, certeros,
y nos guían por el sendero,
su amor es un tesoro eterno,
un regalo que no tiene precio.

La roca firme para el apoyo,
el motor que empuja a continuar,
un ejemplo de perseverancia
que nos hace reflexionar.

Con su fuerza y valentía,
nos enseñan a enfrentar la vida,
son inspiración, son guía,
son fuente de sabiduría.

Nos dan el mejor regalo,
que es traernos a la vida,
sin saber que somos nosotros
los suertudos cada día.

Afortunados por tenerlos,
como ejemplo a seguir,
como luces que alumbran
del sendero el candil.
Son ángeles sin alas visibles,
que caminan a nuestro lado,
con manos que curan heridas,
y corazones siempre entregados.

En sus gestos hay ternura,
en sus palabras, comprensión,
son guardianes silenciosos,
que protegen con devoción.

A veces pasan inadvertidos,
ocultos tras la cotidianidad,
pero su luz permanece intacta,
brillando en la oscuridad.

Nos sostienen en las caídas,
celebran cada pequeño logro,
su presencia es un susurro
que nos llena de alborozo.

No siempre los reconocemos,
pero están para acompañar,
como faros en la tormenta,
siempre listos para ayudar.

Estos ángeles sin alas,
son el regalo más sincero,
nos recuerdan que en la vida,
el amor es el verdadero sendero.

El inevitable olvido

Ayer,
por sorpresa,
me recordó.
De repente, dijo mi nombre
y, sin esperarlo, me sonrió.

Agarró mi mano con fuerza,
la llevó a su pecho y la besó.
Sus ojos, por un momento,
brillaron con la luz del ayer,
y en ese instante, el tiempo
pareció detenerse, retroceder.

Una lágrima rodó por su mejilla,
la recogí y la guardé con amor,
como un tesoro, como una semilla
que guarda un niño con ilusión.

El olvido, ¡qué mar tan profundo!,
que arrastra recuerdos y rostros,
pero en esos instantes del tiempo,
fuimos de nuevo nosotros.

Le hablé de historias y sueños,
de risas y tardes de sol,
pero él escuchaba, lejano,
perdido en su propio farol.

La memoria juega a esconderse,
a veces cruel, a veces sutil,
como un pájaro que vuela bajo,
y se posa solo si hay perfil.

Sus dedos temblaban despacio,
como buscando en algún rincón
una palabra, un nombre, un gesto
que el tiempo borró del corazón.

Y aunque el olvido avance en silencio,
como niebla cubriendo el andar,
aún queda el amor que no se olvida:
ese nadie lo puede borrar.

Infinita Melancolía

Cómo me gustaría que estuvieras aquí,
que aparecieras como de la nada,
como si nunca te hubieses ido,
y con tu peculiar sonrisa, que un día se fue,
regresaras como si el tiempo hubiese retrocedido.

Hoy me encantaría que vinieras,
y con tus manos huesudas
acariciaras mis brazos,
como cuando éramos,
como cuando estábamos.

Hoy desearía que volvieras,
y que con tu suave fragancia
envolvieras mi cuerpo,
como si el tiempo
no hubiese pasado.

Hoy me gustaría que estuvieras,
para escuchar mi nombre en tu voz sonora
y apagar esta ansia
que tortura y enloquece mi calma.

Cómo me gustaría que vinieras,
aunque sólo sea un momento,
y borraras por un instante
la tristeza de mi semblante.

Hoy desearía que regresaras,
y con tus historias de antaño,
me llenaras de sabiduría
como lo hacías en aquellos años.

Hoy me encantaría sentir
tu abrazo cálido una vez más,
que tus consejos volvieran a mí
en cada paso que doy, en cada compás.

Hoy desearía que vieras
cómo he crecido, cómo he cambiado,
y decirme que estás orgulloso,
que desde el cielo me estás cuidando.

Cómo me gustaría que supieras,
que tu legado vive en mí,
en cada sonrisa, en cada lágrima,
en cada sueño que perseguí.

Hoy quisiera escuchar tu risa
llenando la casa de alegría,
ver tus ojos brillar con ternura,
como faros que guían mi día a día.

Anhelo tus palabras calladas,
esas que llegan sin decir nada,
el consuelo que solo tú dabas,
la paz que en el alma quedaba.

Y aunque el tiempo no regrese,
tu recuerdo nunca se desvanece,
es un fuego que siempre crece,
una luz que nunca adormece.

Así, en la memoria viva,
vives en cada paso y llegada,
eres la sombra que me cuida,
mi fuerza eterna, mi alma aliada.

Destilando sufrimiento

Y sangraba...

A lo lejos su dolor se percibía,
como un iceberg solitario en un mar de penas,
y sus ojos, como dos cristales rotos,
reflejaban la tormenta de sus venas.

Y sangraba...

Su esqueleto imponente,
por la noche oscura,
deambulando sin ton ni son,
escondido en la penumbra.

Y sangraba...

Susurrando a sus demonios,
haciéndole frente a su sombra,
como quien enfrenta a un gigante,
pidiendo piedad con deshonra.

Y sangraba...

Rogaba a la noche que fuese día,
para poder aliviar esa pena,
intentar curar esa herida,
y volver a empezar otra vida.

Y sangraba...

Con cada latido, el sufrimiento era más profundo,
como un eco que retumbaba en su ser,
y aunque el alma pedía descanso,
su cuerpo no podía comprender.

Y sangraba...

Pero no era sangre lo que derramaba,
sino una esperanza quebrada,
un pedazo de alma que se escapaba,
como agua entre los dedos, esperanza rota.

Y sangraba...

Y aunque la oscuridad lo rodeaba,
con cada amanecer, la fuerza de seguir
se fundía con la herida,
y el deseo de sanar seguía ahí.

Y sangraba...

y en silencio, con valentía callada,
esperando el momento en que el dolor cediera,
pasando las noches en sufrimiento,
intentando encontrar calma al alba.

El último acto

Se apagan las luces,
se baja el telón,
se instala el silencio,
termina la función.

No se oyen los aplausos,
ni el murmullo fugaz,
solo el eco del tiempo,
que deja un instante de paz.

En el escenario vacío,
se reflejan los años,
como páginas de un libro
que contiene desengaños.

Cada acto representado,
cada gesto vivido,
los recuerdos se entrelazan
en un último suspiro.

Las sombras se despiden,
lentamente se disipan,
como sueños cumplidos
que a brindis se entregan.

En el fondo del alma
queda la luz del amor,
la esencia de la vida
que perdura con fervor.

Se apagan las voces,
cesa el andar apresurado,
los relojes ya no marcan,
todo queda en un halo pausado.

Los suspiros son memorias
que flotan sin dirección,
y los nombres se transforman
en pura evocación.

No hay temor en el final,
solo un puente hacia lo incierto,
donde lo vivido se vuelve
eco sagrado y eterno.

Quedan huellas en la tierra,
en abrazos no olvidados,
en las palabras dichas a tiempo,
en los gestos entregados.

Y aunque el cuerpo se apague,
y ya no habite el dolor,
el alma continúa danzando,
en el amor, en el recuerdo, en la flor.

Y así se cierra el telón,
con paz y serenidad,
la obra de la vida
en la eternidad descansará.

Confesiones

Confieso que fui voz,
y también silencio,
verdad que se esconde
tras su propio eco .

Confieso que fui canto, también fui castigo,
refugio de algunos, de otros el abismo.
Que di hasta lo que no tuve, y a veces de menos
que amé con el alma... y también con veneno.

Confieso que fui fuego, y no supe arder,
que abracé el invierno temiendo el querer.
Que huí de mi sombra, temí mi reflejo,
y a veces fui trampa detrás del espejo.

Fui luz que guiaba sin saber a dónde,
y sombra que cae cuando nadie responde.
Fui camino de paso, también fui cueva,
palabra que hiere, caricia sincera.

Confieso que miento cuando digo "bien",
y que muchas verdades las guardo también.
Que a veces fui calma, y otras, tormenta,
y en noches vacías fingí estar contenta.

Fui yugo en la espalda de quienes confiaron,
y hombro y sostén para los que lloraron.
Fui risa prestada, lágrima escondida,
fui quien traicionó... pero también fui herida.

Confieso que a veces quise desaparecer,
y otras tantas… solo aprender a ser.
Que fui mi prisión y también mi esperanza,
que rompí mis esquemas,esperando la calma.

Fui palabra que duele y verso que cura,
herida cerrada con letra y ternura.
Fui noche sin luna, también sin reflejo,
fui quien se cayó y se levantó de nuevo.

Confieso que a veces no supe mirar
el daño que hice sin querer lastimar
Fui nudo en la garganta y grito en la piel,
fui piedra lanzada, fui torre ,fui papel.

Fui camino incierto, fui paso torcido,
cicatriz abierta que aún no ha latido.
Fui todo lo débil, también lo valiente,
la duda en la boca, el alma en la frente.

Fui quien dio la espalda por miedo a sentir,
quien quiso quedarse y tuvo que huir.
Fui promesa rota en medio del pecho,
y también quién intentó empezar de cero.

Fui el grito silente que nadie escuchó,
fui víctima y fiera, silencio y clamor.
Fui puerta cerrada con llave de espinas,
y rayo de sol entre las ruinas.

Confieso que amé mal, por no saber bien,
y que muchas veces no supe el porqué.
Que fui tantas cosas que ya no recuerdo,
pero aquí sigo… aunque a veces pierdo.

Hoy no me disculpo por todo el ayer,
lo abrazo, lo honro, lo dejo crecer.
Porque cada verso es una confesión,
y en cada estrofa habla el corazón.

Yo conmigo, reflexiones

Permitirme un alto en el camino,
para reflexionar y seguir aprendiendo
a distinguir lo realmente importante,
y lo urgente para mí.

Diferenciar lo prescindible
de lo imprescindible,
lo que simplemente es necesario
y lo que verdaderamente es prioritario.

Me detengo, observo y veo,
que la familia siempre estará ahí,
que los verdaderos amigos
se vuelven como hermanos,
contados con los dedos de la mano.

Que hay compañeros de viaje
que deberían durar toda la vida,
porque nos hacen sentir completos
tan solo con su compañía.

Que los seres que se nos adelantan en el camino,
nunca se han ido del todo,
sino que viven dentro de nosotros,
pero lo hacen de otro modo.

Que la salud es lo principal,
y esto no es un mero dicho,
porque a veces hay que estar
en la otra cara de la moneda

para comprender la realidad
de esta frase hecha.

Que hay que aprender a reír
incluso cuando el alma está llorando,
y que nunca hay nada tan difícil
para decir "no puedo lograrlo".

Que quizás hay que buscar el momento
o la opción más adecuada,
o simplemente ponerle
un poquito más de ganas.

Que las huellas que dejamos en la arena,
la espuma del mar se las lleva,
pero quedan para siempre
grabadas en el alma.

Que no hay nada más bonito
que mirar el horizonte,
donde cielo y mar se unen,
demostrando cada día
que todo es posible
si tu alma se lo propone.

AGRADECIMIENTOS

Este libro no existiría sin el apoyo de muchas personas que han sido parte de mi vida, quienes, de distintas maneras, dejaron huellas profundas en mi corazón. Agradezco a quienes me han acompañado en los momentos luminosos y oscuros, por ser fuente de inspiración constante y recordarme el valor de la resiliencia.

A mi pareja,familia y amigos , quienes han alentado mis palabras y sueños, les debo cada verso escrito y cada noche en vela.

Quiero agradecer y dedicar este libro a la estrella que me guía, y me protege desde el cielo: mi padre. Gracias a ti estoy aquí hoy, y soy la persona en la que me he convertido.

También, a ti, querido lector, gracias por abrir este libro y darle vida a estas páginas con tu propia interpretación. Sin cada uno de ustedes, estas palabras no tendrían sentido.